Коррупция в повседневной жизни, бизнесе и культуре

Взгляд российских студентов

Коррупция в повседневной жизни, бизнесе и культуре

Взгляд российских студентов

Corruption in Everyday Life, Business and Culture

A Russian Student Perspective

Edited by

Elena Denisova-Schmidt & Elvira Leontyeva

Europäischer Hochschulverlag

Published in 2012 by
Europaeischer Hochschulverlag GmbH & Co KG of
Fahrenheitstraße 1, 28359 Bremen, Germany
www.eh-verlag.de
office@eh-verlag.de

ISBN/EAN: 978-3-86741-813-3

All rights reserved.
No part of this publication may be
reproduced or transmitted, in any form
or by any means, electronic, mechanical, photocopying,
recording or otherwise, or stored in any retrieval
system of any nature, without the written permission
of the copyright holder and the publisher, application
for which shall be made to the publisher.

Введение/Introduction	7
Сергей Буров Скрытая реклама (product placement) как нелегальная практика в киноиндустрии	9
Варвара Коновалова Коррупция как часть повседневной жизни	13
Алексей Константинов Коррупция - раковая опухоль современности	16
Вера Ли-Ин Коррупция в современном фольклоре	19
Ирина Остроухова Коррупция – зло, но взятки брать не перестанут	24
Юлия Павлюк Коррупция. Опыт стран в антикоррупционной деятельности и причины неудач России в борьбе с коррупцией	27
Юлия Самсонова Коррупция в современном мире	33
Маргарита Ульянова Почему технический осмотр автомобиля стоит так дорого?	35
Анна Шленчак Коррупция в повседневной жизни России	38
Ирина Юн Коррупция в бизнесе	41
Светлана Яцук Коррупция в повседневной жизни	44
Интернет-источники для дальнейших исследований в области коррупции	48

Introduction

Corruption has a very long tradition in Russia. All state leaders, from the Russian Tsars through the Soviet General Secretaries to the current Presidents, have been trying to fight corruption. So far, they have not had much success: In its 2011 index of 182 countries, Transparency International ranked Russian corruption on a par with Nigeria, Togo, Uganda and other countries at 143rd place. Many similar rankings have confirmed these findings. Why has this happened? Who or what is responsible for this corruption? Is it the Russian leaders, who receive their positions though family ties, personal networks or the imitation of fair elections? The ordinary Russian citizens, challenged by having to differentiate between a 'present' and a 'bribe'? Or the system that makes it necessary to give a 'gift' to a decision maker to get things done?

These and other similar topics were discussed by Dr. Elena Denisova-Schmidt, from the University of St. Gallen (Switzerland), in her lectures at the Pacific National University in Khabarovsk (Russia) in April 2012. This book presents a collection of short research papers written by the students from these seminars. The contributors to this volume – Sergey Burov, Varvara Konovalova, Aleksey Konstantinov, Vera Li-In, Irina Ostroukhova, Yuliya Pavlyuk, Juliya Samsonova, Margarita Ul'ianova, Anna Shlenchak, Irina Yun and Svetlana Yatsuk – are students finishing their first academic year in the field of Foreign Area Studies. In their professional future, they will represent Russia in various roles at domestic and foreign institutions. These articles are the first experiences in research for most of them, and should be seen in the context of engaged citizens expressing positions. The students describe and judge corruption in daily and business life in Russia using examples from interviews, mass media and literature – including songs. Their positions on such a sensitive issue as corruption are especially important, because these students will help to define the development of Russia for at least the next 30 years.

This publication was possible thanks to an award received by Dr. Elena Denisova-Schmidt (University of St. Gallen, Switzerland) and Prof. Elvira Leontyeva (Pacific National University in Khabarovsk, Russia) within the framework of the Scientific & Technological Cooperation Programme Switzerland-Russia, sponsored by the State Secretariat for Education and Research of Switzerland.

All articles were carefully proofread and edited by Dr. Elena Yushkova (Vologda State Pedagogical University, Russia). The pictures used on the book cover were made by the Information and Design Centre of Pacific National University as well as by Dr. Anna Korteleva and Dr. Elena Denisova-Schmidt.

Summer 2012

Elena Denisova-Schmidt   Elvira Leontyeva
Switzerland   Russia

Сергей Буров

Скрытая реклама (product placement) как нелегальная практика в киноиндустрии

Коррупция как явление довольно распространена в современном мире. Многие знают ее примеры - факты взяток, различный блат и прочее. Но часто мы даже не замечаем, как работает коррупционный механизм. Стать его жертвами можно неосознанно, например, во время просмотра фильма или любимого сериала – всего того, что довольно привычно для современных людей.

Коррупция в индустрии развлечений называется «product placement» — прием неявной (скрытой) рекламы, заключающийся в том, что реквизит, которым пользуются герои в фильмах, телевизионных передачах, компьютерных играх, музыкальных клипах, книгах, иллюстрациях и картинах, имеет реальный коммерческий аналог. Обычно демонстрируется сам рекламируемый продукт либо его логотип или упоминается о его хорошем качестве. Почему скрытой? Ведь когда вещи рекламируют, невозможно сделать это скрытно, так наверняка думает среднестатистический житель. Реклама окружает нас сплошь и рядом. Она может называться прямой, или легальной, рекламой: на улицах, в автобусах, подъездах, на работе или учебе, на экранах банкоматов. Также существуют различные промоутеры, люди-листовки, одетые в рекламные костюмы и т.д. Каждый день человек воспринимает огромный объем нужной информации и еще больше ненужной – в виде рекламы. Так и хочется поскорее вернуться домой и скрыться от бесконечного количества логотипов, баннеров и тому подобного. Включаешь телевизор, но реклама снова там: большое количество сменяющихся роликов, где очаровательного вида молодые люди словно жить не могут без определенного товара под названием «N» фирмы «N» (Буква N используется во избежание рекламы). Поэтому ищешь убежище вне телевизора — берешь в прокат, покупаешь какой-либо фильм, цельный, без рекламных вставок, но опять не тут-то было, реклама есть и там.

Если рассматривать киноиндустрию, то, как известно, рекламировать какую-либо продукцию внутри фильма или сериала по закону нельзя. Но так или иначе различные компании находят способ повлиять на зрителя, тем самым застав его врасплох. Когда вы смотрите кино, то невольно погружаетесь в него, и те или иные вещи остаются в вашей памяти. Например, все, кто смотрел фильмы про Джеймса Бонда, самого известного киношпиона, знают его любимый напиток — мартини с водкой, который нужно обязательно «взболтать, но не смешивать». Есть много людей, желающих быть похожими на бесстрашного, красивого и мужественного агента британской разведки, поэтому этот коктейль приобрел огромную популярность в мире. А выручка достается производителям алкогольной продукции. Фильмы про Джеймса Бонда являются классикой использования скрытой рекламы.

Как я уже говорил, существуют специальные статьи в законодательстве, запрещающие технологию product placement. Такой закон есть и в российском праве, в отличие от США, например, где подобных законов нет и такая технология разрешена. Но если вы думаете, что скрытой рекламы в российском кинематографе нет, то ошибаетесь. Фильмы довольно крупного масштаба, даже известные за рубежом, наполнены огромным количеством отсылок к различным компаниям. Одним из ярчайших примеров таких фильмов может служить дилогия «Дозоры», состоящая из фильмов «Ночной дозор» и «Дневной дозор». В процессе просмотра «Ночного дозора» зритель может увидеть упоминания таких известных (в России, в частности) брендов, как МТС, Nokia, Nescafe, Rambler, Audi и других, менее заметных. Объем заработанных средств достиг полумиллиона долларов. В «Дневном дозоре» также используется скрытая реклама, хоть и в меньшем количестве. В этом фильме объем заработанных рекламодателями денег в целом достигает трех миллионов долларов. В этом фильме мы можем увидеть логотипы продуктов «Корбина Телеком», Nokia, «Старый мельник», а главные герои разъезжают на машинах Daewoo Matiz и Mazda RX-8. Фильмы стали очень популярными в российском прокате и, естественно, спрос на данные продукты резко возрос. В целом, объем заработанных рекламодателями средств уже достиг трех миллионов долларов.

В сериалах тоже существует product placement. Его отличие в том, что фильм можно посмотреть и забыть некоторые моменты, связанные с рекламной продукцией, а в сериале из серии в серию создатели напоминают о том или ином продукте. То есть интенсивность подачи рекламы гораздо выше. Один из примеров: российский сериал «Папины дочки». В каждой серии либо покажут крупным планом секунд на пять детские витамины «Пиковит», либо дочки постоянно едят шоколад «Kinder». Кстати, следует заметить, что в этом сериале реклама настолько не «скрытая», что сам факт рекламирования чего-либо не заметить просто невозможно (особенно если учесть, что сериал транслируется по ТВ и там существуют специальные рекламные вставки, помимо самого сериала). В итоге я уверен, что если собрать фокус-группу и задать вопрос: «Какие детские витамины самые известные в России?», то большинство опрашиваемых ответит: «Пиковит».

В последнее время скрытая реклама встречается не только в форме упоминания или использования товара, но очень часто становится основой сюжета художественного произведения. Подобная разновидность product placement называется product integration и подразумевает полное слияние продвигаемого продукта со сценарием произведения. Примеры подобной практики — многочисленные реалити-шоу, в которых герои получают задания исходя из интересов рекламодателя, спонсирующего программу. Они пьют, едят, используют косметику и инвентарь фирм-спонсоров, восхищаясь качеством этих вещей. Так, например, целый выпуск телепрограммы «Дом-2» может быть посвящен строительству новой столовой на открытом воздухе при помощи шуруповерта (портативной дрели) марки Wolt.

Перечислять различные проявления скрытой рекламы можно бесконечно, их очень много, они существуют повсеместно. Обычно закон против этого бессилен, так как существуют лазейки в праве, позволяющие рекламодателям выходить сухими из воды и навязывать свою продукцию беззащитным зрителям (например, использовать бренд в качестве необходимого инвентаря, а компания, производящая продукт, фигурирует как спонсор, хотя не очень понятно, какая необходимость в том, чтобы три секунды показывать баннер МТС в фильме «Ночной дозор»). Главное для зрителя в этом случае — стараться не быть под влиянием такого рода рекламирования, попробовать оградиться от брендов и торговых марок и просто наслаждаться кинематографом, таким, какой он есть.

Варвара Коновалова

Коррупция как часть повседневной жизни

Перед тем как приступить к написанию этой работы, я задалась вопросом: что же такое коррупция? Обратившись к интернет-источникам, я нашла много определений этого слова, но решила выделить для себя только одно определение, которое в полной мере раскрывает то, о чем я хочу рассказать в своей работе. Итак, слово «коррупция» в переводе с латинского означает «подкуп» и, согласно энциклопедическому словарю, «коррупция — это прямое использование должностным лицом прав, связанных с его должностью, в целях личного обогащения»[1]. Чтобы подтвердить эти слова, приведу несколько примеров коррупции в повседневной жизни, опираясь на свой опыт, на опыт своих друзей и знакомых.

Коррупция стала неотъемлемой частью нашей жизни. С ней можно столкнуться в любой сфере. Например, совсем недавно я столкнулась с коррупцией в сфере медицины. Решившись впервые устроиться на работу официантом, я должна была получить санитарную книжку. И мне пришлось потратить на это не один день. Но получив ее, я случайным образом узнала, что, оказывается, можно было ускорить весь процесс получения до одного дня, достаточно лишь заплатить определенную сумму. Это заставило меня задуматься о качестве прохождения различных медицинских осмотров. Ведь вполне возможно, что их вовсе может и не быть. А это говорит о том, что не у всех людей, работающих в организациях пищевой промышленности и в организациях общественного питания, есть качественные личные медицинские книжки, что может сказаться и на нашем здоровье, ведь мы являемся непосредственно потребителями.

---

[1] http://www.slovarus.ru (дата обращения: 29.04.2012)

Еще один пример из моей жизни – коррупция в сфере образования. Все знают, что места в детских садах, школах продаются и покупаются. Семье моих хороших знакомых пришлось с этим столкнуться, когда они решили отдать свою племянницу в детский сад. Оказалось, место в детском саду получить не так просто. Детских садов сейчас не хватает, и поэтому на одно свободное место приходится по несколько детей. И вполне очевидно, что здесь есть место коррупции. Все родители желают добра своим детям и готовы платить деньги, и данная семья не исключение. Единственное, что радует: взятки в этой сфере теперь дают не столь часто, потому что велик риск уголовного наказания.

Также мне хотелось бы привести пример коррупции и в правоохранительных органах.

Один мой знакомый, проезжая по городу на машине, не заметил сплошную линию и пересек ее, тем самым нарушив правило дорожного движения. Нарушение зафиксировала патрульная машина ДПС. Сотрудник ДПС представился и попросил предъявить документы, затем пройти к нему в машину, где моему знакомому объяснили, что за данное нарушение его следует лишить водительских прав на определенное время. Но ему также был предложен и способ, как избежать этого. В народе это называется просто – взятка. За некую сумму мой знакомый сохранил водительские права. Это яркий пример коррупции с использованием служебного положения.

В моей работе представлено несколько примеров коррупции из повседневной жизни. Могу сделать вывод, что коррупция была, есть и будет. К сожалению, это часть нашей жизни. Люди совершают преступления, зачастую исходя из своих корыстных целей. Думаю, что с коррупцией можно столкнуться в любой точке земного шара и в любой сфере деятельности. Она, как ржавчина, которая рано или поздно разъест любое государство. Правительство нашей страны борется с коррупционными преступлениями, вводя все более жесткие методы наказания. Если в дальнейшем подобная борьба будет вестись активно, то это положит конец одной из важнейших проблем нашей страны.

Алексей Константинов

Коррупция - раковая опухоль современности

В данной работе я хочу показать несколько примеров коррупции в бизнесе и повседневной жизни, используя анализ эпизодов американского сериала «Обмани меня» («Lie to me»). Этот сериал снимался в 2009-2011 годах и повествует о расследовании преступлений специалистами, изучающими поведение тела и лица человека в то время, когда он лжет. Рассмотрим несколько эпизодов.

В третьей серии первого сезона группа Лайтмана (группа экспертов в области лжи под руководством доктора Лайтмана (исполнитель роли Тим Рот)) расследует убийство старшеклассницы. В процессе расследования выясняется, что в школе не все чисто. Группа находит тест, который девушка якобы написала на следующий день после свой смерти, но на фотографии в пропуске не она, а ее учительница. Они отправляются в школу, чтобы выяснить все обстоятельства, так как появляется мотив убийства.

Приехав в школу, после недолгого разговора Лайтман прочитывает по лицу и телу учительницы, что она лжет, и ей ничего не остается, кроме как рассказать, в чем причина ее лжи. Она призналась, что писала работу не только для этой девушки, но и для других учеников частной школы, чтобы те получили более высокий балл, могли поступить в престижный колледж и попасть в лигу «плюща» (ассоциация восьми частных американских университетов), тем самым оправдать надежды родителей и получить в будущем престижную работу. Считается, что члены лиги отличаются высоким качеством образования.

Учительница брала взятки, по ее словам, потому, что у нее низкая заработная плата и ей нужно выплачивать кредит за свое обучение. Это вполне понятно, ведь получение образования в США достаточно дорогое (от 17 тыс. долларов в год). Ученики пользовались незаконными услугами, так как они все из богатых семей и должны были любой ценой получить высокие баллы, удовлетворив своих родителей. Но не жертва наняла учителя, а ее мать — прежде всего ради собственного престижа, а только потом ради будущего дочери.

Лично я понимаю учителя и те причины, которыми она руководствовалась, но все-таки это коррупция, и сам факт, что баллы покупаются, вызывает у меня отвращение. Но и ситуация в данном случае располагала к этому: дети с богатыми родителями и учитель, которому нужны были деньги. Я считаю, что всегда есть люди, обладающие деньгами и готовые воспользоваться ими для достижения своих целей, при этом всегда найдется тот, кто их возьмет.

В другом эпизоде первого сезона, в девятой серии, присутствует пример коррупции, которая может повлечь за собой куда более опасные последствия. На стройке произошло обрушение здания, и три человека оказались похоронены под завалами. Группу Лайтмана вызвали, чтобы специалисты помогли выяснить, из-за чего произошло обрушение.

В ходе поиска нашли тела людей, но к ним не могли добраться и начали бурить проход. Выяснилась возможная причина обрушения — взрыв сварочного аппарата. Но позже Лайтман увидел, что городской инженер нервничает и не верит в версию взрыва сварочного аппарата. Когда он начал расспрашивать инженера, тот признался, что не проводил проверку здания. Он получил конверт с деньгами и записку, чтобы ничего не проверяли. Затем подписал документ о том, что на стройке все в порядке. В действительности это было не так: под землей находился метан, который спровоцировал взрыв и мог вызвать еще один, если продолжать бурение. Инженер взял деньги не из жадности, а из-за того, что ему с семьей нечем было выплачивать кредит за дом. В итоге выяснилось, что инженера подкупила мэр города. Она (мэр), даже зная о метане, все равно хотела построить это здание, чтобы дать жителям рабочие места во время кризиса.

По моему мнению, мэр действовала из благородных побуждений, а инженер взял деньги, как ему казалось, от безысходности. Но у человека всегда есть выбор, и сам факт того, что они подвергали такой опасности жизни людей, не оправдывают никакие благородные побуждения. Ведь в результате такой халатности и коррупции погибли люди. И такие примеры, к сожалению, вовсе не единичны.

В моей работе было представлено всего два примера коррупции из повседневной жизни. Причины, по которым в данных случаях люди брали взятки, можно понять, но довольно часто это происходит просто из-за человеческой жадности и эгоизма. Коррупция есть в любой стране и, наверно, в любой сфере деятельности. Она как рак, который может образоваться где угодно и запускает свои щупальца в любое место. И несмотря на то, что коррупция кажется непобедимой, надо бороться с ней и ее причинами, чтобы люди были уверены в своих правах, не чувствовали себя жертвами чиновников и различных начальников, верили в свое правительство. Иначе начнется тотальная коррупция, презрение к власти, паралич государства и хаос.

Вера Ли-Ин

Коррупция в современном фольклоре

> *За коррупцию, откаты,*
> *Пожурит ворюгу Власть,*
> *Не отнимут, не посадят…*
> *Как у нас не воровать?!*
>
> **Частушка**

«Коррупция способна свести на нет любые организационные достижения. С ней в России сегодня активно борются, но она ведет себя как зловредная бактерия – адаптируется, становится нечувствительной к антикоррупционным «антибиотикам» и только глубже проникает в организм российского организма. На сегодняшний день уже очевидно, что ни Генпрокуратура, ни устрашающие заявления представителей власти победить этот вирус не в состоянии».[2]

«Ежегодно международная организация Transparency International составляет рейтинг уровня коррупционности среди государств мира. По итогам 2011 года Россия в этом списке занимает 143-е место из 182-х возможных, причем ближайшими ее соседями по проблеме являются такие страны, как Уганда, Нигерия, Мавритания, Коморские острова, Того и Восточный Тимор. Иными словами – компания крайне незавидная и в плане других экономических показателей более чем неподходящая».[3]

«В сфере российской коррупции наблюдается примечательная тенденция. Заключается она в том, что размеры российских взяток, несмотря на все принимаемые меры, со вре-

---

[2] Русь. Общественно-политическая интернет-платформа. «Коррупция не хочет отступать в России».
[3] URL: http://rusplt.ru/articles/policy/policy_42.html (дата обращения: 29.04.2012)

нем не только не уменьшаются, но и стремительно возрастают».[4]

И что же нам в таком случае остается? В истерике биться от осознания глобального несовершенства нашей страны? Многие зарубежные социологи приписывают современным россиянам излишний пессимизм, пассивность, даже инфантильность, необоснованную мнительность. Расписывать, как все плохо, и панически заламывать руки может любой. Да только принесет ли такое массовое самоистязание хоть какие-то плоды?

Анализируя многие явления в нашем обществе, принято обращаться к прошлому, чтобы найти там прецеденты и, таким образом, обезопасить себя хотя бы от старых ошибок.

Обратимся к истории еще раз: коррупция в России была всегда. И, как правило, в ответ на подобные социально-негативные проявления следовала молниеносная реакция. Но не всегда она характеризовалась одними лишь силовыми методами воздействия — русский народ понимал, что острым, хлестким словом порой можно сделать больше, чем кулаком, а поэтому не менее виртуозно разил недругов устным творчеством. Русский фольклор — это историческая память и душа России: частушки, былины, пословицы, загадки, сказания, песни. Яркие, пестрые, словно узорчатый платок. В частушках и песнях-прибаутках простой народ высмеивал жадного барина, казнокрада и взяточника-генерала.

А когда люди смеются, стряхивая с себя безысходность, им уже не страшно и не все еще потеряно. Да и те, над кем хохочет весь народ, начинают нервно ерзать на своем импровизированном троне.

---

[4] «Коррупция не хочет отступать в России».
URL: http://rusplt.ru/articles/policy/policy_42.html (дата обращения: 29.04.2012)

Кто посмеет оспаривать всю мощь этой силы? Что еще может заставить угнетенного, обобранного до нитки человека искренне смеяться прямо в лицо своему мучителю?

Есть люди, которые создают наш современный «фольклор». Фольклор андеграунда. У миллионов молодых парней и девушек в наушниках звучит: «Поставим звука мегаватт, дабы без ума был рад/Чрезвычайно важный молодежный электорат./И айда, в тур по городам, сегодня тут, завтра — там./Москва, Питер, Новосиб, Волгоград…/ Не жалко ни сил, ни времени, ни денег,/Лишь бы в правильных местах галочки стояли в бюллетенях».[5]

Кто-то скажет, что эти тексты — низкопробны, их нельзя назвать литературой. Но хоть раз попробуйте вдуматься в слова, и, я уверяю вас, вы обнаружите там не меньше смысла, чем в полноценном литературном произведении.

«Спасибо за право бросаться горохом в стены ваших дворцов,/За ненужную возможность показать всем ваше истинное лицо,/За вдохновение на написание бесполезных песен протеста,/Ведь, пока я бубню эту чушь, никто не меняет программы действий:/В зале смеется молодежь, на юге тепло, на севере холодно,/Газ ползет по трубопроводу, вышки качают черное золото.»[6]

---

[5] Noize MC, «Наше движение»
Примечание: песню можно послушать в режиме онлайн, пройдя по ссылке poisk.m. музыкальная поисковая система:
http://poiskm.ru/?q=Noize+MC+%D0%9D%D0%B0%D1%88%D0%B5+%D0%B4%D0%B2%D0%B8%D0%B6%D0%B5%D0%BD%D0%B8%D0%B5&c=search&xbds=1 (дата обращения: 28. 05. 2012)
Либо пройдя по данной ссылке:
http://ololo.fm/search/?query=Noize+Mc+%D0%9D%D0%B0%D1%88%D0%B5+%D0%B4%D0%B2%D0%B8%D0%B6%D0%B5%D0%BD%D0%B8%D0%B5&x=0&y=0 (дата обращения: 28. 05. 2012)

[6] Noize MC, «Властелины Вселенной»

Такой «фольклор» гораздо в большей мере адаптирован к условиям современного мира. Сегодня многие жизненно важные истины молодежь усваивает не из прочитанных книг, а из прослушанных песен. Строки многих исполнителей разошлись у молодых людей на афоризмы. «Нойз МС», «Ленинград», «Ляпис Трубецкой», «Каста», «Грот», «Карандаш и Ленин», «Баста» и другие пишут не о цветочках и несчастной любви, а о реальном положении дел в стране. Эти люди не боятся преследований госструктур, им наплевать, что после особо резонансных песен их концерты срывают. Они идут на это осознанно, потому что знают: то, что они делают – верно и нужно.

Это глашатаи правды, и они не боятся во весь голос спрашивать у власть имущих: «Сколько конкретно тебе не хватает до полного счастья?/Сколько тебе нужно денег, чтобы ты не хотел больше красть их?/Сколько бюджетов нужно еще распилить и освоить,/Чтобы ты, вдоволь наворовав, решил, что этого делать больше не стоит?»[7]

Эти люди сегодня своим творчеством сделали гораздо больше, чем все благообразные и благопристойные граждане, панически вопрошающие «Что же делать, как же нам бороться с многоголовой гидрой - коррупцией?»

Прим.: песню можно послушать в режиме онлайн, пройдя по ссылке poisk.m. музыкальная поисковая система: http://poiskm.ru/?q=Noize+MC+%D0%B2%D0%BB%D0%B0%D1%81%D1%82%D0%B5%D0%BB%D0%B8%D0%BD%D1%8B+%D0%B2%D1%81%D0%B5%D0%BB%D0%B5%D0%BD%D0%BD%D0%BE%D0%B9&c=search&xbds=1 (дата обращения: 28. 05. 2012)
Либо пройдя по данной ссылке:
http://ololo.fm/search/?query=Noize+Mc+%D0%92%D0%BB%D0%B0%D1%81%D1%82%D0%B5%D0%BB%D0%B8%D0%BD%D1%8B+%D0%92%D1%81%D0%B5%D0%BB%D0%B5%D0%BD%D0%BD%D0%BE%D0%B9&x=0&y=0 (дата обращения: 28. 05. 2012)

[7] Noize MC, «Властелины Вселенной»

Их треки отрезвляют, открывают глаза, вдохновляют на борьбу, ободряют и не позволяют опускать руки. Это ведь и есть одна из главных задач в борьбе с проблемами такого масштаба как коррупция.

И пока прямо со сцены доносится: «Как долго вы еще способны врать,/Сколько еще сможете сожрать,/Сколько миллиардов нужно вам,/Чтобы забрать с собою в ад?»[8] - коррупционеры будут неуверенно ерзать на мешках награбленного. Люди будут понимать, что все эти жуткие и глобальные проблемы, несмотря ни на что, решаемы, и нельзя опускать руки. Пока есть те, чьи тексты песен заставляют хохотать, когда слушатели представляют казнокрада, рисующего себе в мечтах бассейн с золотом, как у Скруджа.

Ведь если люди смеются, это значит, что они еще не сдались.

---

[8] Noize MC, «Властелины Вселенной»

Ирина Остроухова

Коррупция – зло, но взятки брать не перестанут

Как часто мы слышим вокруг о том, что «коррупция – это плохо, мы никогда не будем связываться с этим явлением, с ней нужно бороться». Но все ли люди, говорящие об этом, отдают себе отчет, что они тоже являются лицами, так или иначе задействованными в процветании злоупотребления служебным положением? Следует полагать, что нет. В СМИ политики говорят, что необходимо всячески искоренять коррупцию, и одновременно «протягивают руку» для того, чтобы получить очередную взятку. Председатель представительства МОО РАП «Общественный антикоррупционный комитет» по СФО О.В. Сафронова говорит, что «в России коррупция в силу своего характера и масштабов – это не просто какое-то отдельное, локальное явление в области политики и государственного управления. Это система отношений, которая пронизывает все структуры нашего государства и общества». Она настолько внедрилась в нашу жизнь, что уже мало кто может сделать что-то честно. Понимая всю гнусность злоупотребления своим положением, люди все же идут на это. По разным причинам. Но идут.

Коррупция вокруг нас

Что же заставляет людей давать и брать взятки? Наверное, ситуация, которая сложилась в их жизни. Расспросив несколько человек о коррупции в их жизни, я получила интересные ответы.

Моя одноклассница сказала, что она сталкивалась с этой проблемой и что коррупция, безусловно, нехорошее явление. Но так как ей было необходимо сдать экзамен в срок, а она ничего не выучила (у нее случилась трагедия – погиб близкий человек), «пришлось покупать дорогие конфеты, цветы и идти к преподавателю». В конце одноклассница добавила, что от коррупции все равно не избавиться, можно только пытаться извлекать выгоду, давая взятки там, где нужно. Пожалуй, в чем-то с ней можно согласиться. Ведь действительно от коррупции нам не избавиться, потому что это уже образ жизни всей страны. Но вот с тем, что одноклассница предлагает делать, я не могу согласиться. Я думаю, что все равно надо пытаться бороться со сложившейся системой. Ведь кто, если не мы сами, может хоть немного держать рамки, за которые нельзя выходить?

Спросив у своей мамы, сталкивалась ли она с коррупцией, я получила ответ «да». Она работает продавцом тортов и пирожных в обычном торговом центре. И часто к ней приходят студенты, чтобы купить торт для своих преподавателей. Не стесняясь, молодежь спрашивает: «Какой будет вкуснее? Нам для преподавателя. На зачет идем». Мама удивляется, что никто из студентов не стесняется признаться в том, для чего нужен торт. Грустно осознавать то, что многие именно так получают образование.

Посетив одну из Администраций в нашем районе, я нашла работника, который поделился интересной информацией о системе взаимоотношений между предпринимателями и местной властью. Оказывается, что цена за аренду не сильно повышается у тех предпринимателей, кто финансирует проекты, запущенные Администрацией поселения, дела решаются быстрее у тех людей, которые финансово помогли местной власти. То есть присутствуют взаимовыгодные отношения. По этому поводу работник Администрации высказывается: «Тут нет ничего плохого. Все остаются довольными, и никто не обделен. Я считаю это вполне нормальным». Что тут сказать? Хочешь, чтобы все было сделано вовремя и качественно, — плати. И самое важное — всех устраивает сложившаяся ситуация. Вот только как же те, которым нечем платить за то, что и так должно быть?

На улице мне попалась бабушка, у которой я решила узнать, сталкивалась ли она с коррупцией в своей жизни. На что она ответила: «Конечно, сталкивалась. И не один раз». Она рассказала мне, как однажды сходила в местную больницу. Бабушка просила положить ее на обследование, так как она плохо себя чувствовала. Как ветерану войны ей должны были выделить свободное место без очереди. Но обратившись к работникам больницы, она получила отказ. Ее вынуждали ждать свободного места или заплатить немалые деньги, чтоб пройти без очереди. Ну откуда у ветеранов большие суммы денег? И почему эти люди должны ждать? Это несправедливо. Я считаю, что так нельзя. Вот только как можно изменить сложившуюся жестокую систему отношений?

В состоянии ли мы изменить ситуацию?

Недавно я ездила на краевой конкурс социальных проектов «Лидер-2012». Там выступал один молодой человек, который рассказывал о своей организации, призывающей всех присутствующих бороться с коррупцией. На мой взгляд, его выступление выглядело немного наивным и было не совсем по теме конкурса. Но потом я подумала, что, может, ему важно всего лишь донести до нас мысль о вреде такого явления как коррупция, а не сам конкурс. А позже мне пришло в голову: ведь есть люди, которые действительно верят, что можно изменить что-то и действуют вместо того, чтобы сидеть и говорить, как плохо живется в современном мире. Значит, следует пытаться повлиять на ситуацию. Конечно, вряд ли получится победить коррупцию в глобальных масштабах, можно хотя бы бороться с ее проявлением на местах. Будет трудно, но пока есть люди, которым небезразлична эта проблема, стоит браться за ее решение.

Юлия Павлюк

Коррупция. Опыт стран в антикоррупционной деятельности и причины неудач России в борьбе с коррупцией

В своей работе я постараюсь дать сравнительную характеристику некоторых стран в сфере коррумпированности, представить некоторые методы борьбы с коррупцией на примере стран, преуспевших в этом, выяснить причины неудач политики по борьбе с коррупцией в России.

Transparency International. Индекс восприятия коррупции.

Transparency International — это глобальная общественная организация, ведущая борьбу с коррупцией на мировом уровне. Созданная в 1993 году, она является неким стимулом для борьбы с коррупцией, объединяет людей, давая им надежду на будущее без коррупции.

Одним из эффективных инструментов повышения осведомления населения на глобальном уровне стал Индекс восприятия коррупции, который публикуется TI с 1995 года. ИВК ранжирует страны согласно восприятию степени распространенности коррупции в государственном секторе.

Сравнительный анализ стран в коррупционной сфере по данным Индекса восприятия коррупции 2011

Лидирующие места по данным Индекса восприятия коррупции за 2011 год занимают Новая Зеландия, Дания, Финляндия и Швеция. Страны, чей уровень Индекса восприятия коррупции находится ниже отметки 3, характеризуются крайне высоким уровнем коррупции, и, к сожалению, к подобным странам относится Россия, находящаяся лишь на 143 месте в этом списке.

Выясняя уровень коррумпированности России, я использовала данные научно-исследовательской работы «Определение уровня коррупции среди всех социальных слоев населения и эффективности принимаемых антикоррупционных мер», проведенной региональным общественным фондом ИНДЕМ (Информатика для демократии) в 2010 году по заказу Минэкономразвития РФ.

Результаты этого исследования были изложены в качестве характеристики некоторых индикаторов коррупции.

Данные этого исследования позволяют судить о высоком уровне коррупции в России. Так как показатели свободы от коррупции за 2010, 2011, 2012 год находятся практически на неизменном уровне, то данные приведенного исследования фонда ИНДЕМ вполне применимы и для настоящего времени.

Найти статистические данные по состоянию коррупции в Новой Зеландии в настоящее время было достаточно затруднительно. В большей степени я руководствовалась все тем же Индексом восприятия коррупции[9] и Index of Economic Freedom[10]. Данные этих источников подтверждают то, что антикоррупционная база в Новой Зеландии сформирована подобающим образом, обеспечивает эффективность политики в этой области и прозрачность правительственных институтов. Говоря о прозрачности правительственных институтов, стоит отметить тот факт, что все руководители государственных органов публикуют свои расходы в открытом доступе[11].

---

[9] http://cpi.transparency.org/cpi2011/results/ (дата обращения: 04.06.2012)
[10] http://www.heritage.org/index/country/newzealand (дата обращения: 04.06.2012)
[11] http://www.data.govt.nz/search/SearchForm?action_do CustomSearch=&x=0&y=0&Search=CEexp%20Jan-Jun2011 (дата обращения: 04.06.2012)

Чтобы увидеть тенденцию изменения состояния коррупции, я использовала данные GLOBAL CORRUPTION BAROMETER 2010. По ним видно, что как Россия, так и Новая Зеландия имеют свои проблемы в области коррупции, и конечно, несмотря на то, что Новая Зеландия находится на первом месте по ИВК, она не является страной, полностью очищенной от коррупции. Но тут же видна и следующая тенденция: если в России большинство населения признает, что их правительство неэффективно борется с коррупцией, то в Новой Зеландии картина совершенно иная. Там люди видят результаты антикоррупционной политики своего государства.

Анализ этих стран дает понять, что они являются совершенно противоположными примерами. Россия – пример крайне коррумпированной системы, где правовая база и гражданская позиция населения не способны преодолеть факт коррупции. Новая Зеландия – пример хоть и не идеальной, но вполне удачной антикоррупционной политики, системы, которая строго организована и налажена и способна регулировать общественные отношения в данной сфере.

Залог удачной антикоррупционной политики Новой Зеландии и причины неудач России

Успех Новой Зеландии в большинстве своем состоит в том, что там сумели создать целостную систему, основанную не только на правовой базе и ответственной работе правоохранительных органов, но и на прозрачности правительственных институтов и активном участии общественности в борьбе с коррупцией.

Политика «прозрачности» дает большую свободу прессе, что способствует информированию населения страны, и, как следствие, улучшению его политической грамотности.
Высокий уровень ВВП, низкий уровень неравенства, а также приоритетность прав человека в большой мере способствуют удачной борьбе с коррупцией. В Новой Зеландии граж-

дане относятся по-другому к коррупции как таковой. В России, по словам Дмитрия Медведева «четверть ... граждан вообще не считает, что коррупция является ненормальным явлением. Приветствуют коррупцию. То есть в обществе в целом практически отсутствует нетерпимость к коррупции как к институту»[12]. Борьба с коррупцией в государстве, где гражданская активность находится на низком уровне, не принесет желаемого результата. Введение лишь запретительных мер и недостаточное внимание к мерам профилактики имеет односторонний характер и не может в полной мере соответствовать желаниям граждан и государства в целом.

Еще одним немаловажным фактором в борьбе с коррупцией является раскрытие бюджетной информации. Для характеристики данного критерия существует определенный индекс – Open Budget Index. Он показывает, насколько граждане тех или иных стран имеют доступ к информации, касающейся управления государственными средствами.

Но, конечно, забывать о правовой базе регулирования нельзя. Необходима разработка такой базы, которая будет значительно расширять спектр правонарушений, связанных с фактом коррупции. Стоит проанализировать состояние России в соответствии с критериями, приведенными выше. Главная причина неудачной антикоррупционной политики России кроется не в слабом правовом регулировании, а в слабой гражданской позиции, в том, что коррупция не осознается российскими гражданами на том уровне, на котором осознание происходит в Новой Зеландии. Пресса в нашей стране не имеет широкой свободы. Хоть это официально и не заявляется, но материал, «неудобный» правительственным структурам, никогда не выйдет в эфир.

---

[12] http://www.korupcii.net/index.php?s=12&id=4 (дата обращения: 04.06.2012)

Уровень доверия к властям крайне низок. Особенно эта тенденция обострилась в свете последних событий, связанных с выборами в Государственную Думу 5 декабря 2011 года, когда повсеместно появилась информация о фальсификации результатов и нарушении правил проведения выборов.

При анализе этих фактов становится ясно, что, прежде чем разрабатывать действенную и эффективную правовую опору антикоррупционной деятельности, необходимо создать определенные настроения в обществе, повысить гражданскую активность населения.

Говоря конкретней о некоторых возможных мерах по улучшению коррупционного положения в нашей стране, хочется привести некоторые тезисы из доклада Дмитрия Медведева «В борьбе с коррупцией важна терапия, а не хирургия». Конечно, это только слова, пока еще не подкрепленные какими-то определенными результатами, но их реализация, по моему мнению, вполне могла способствовать улучшению положения нашей страны в сфере коррупции:

«Строгие законы и высокий уровень жизни являются отличным рецептом борьбы с коррупцией».

«Коррупция превратилась в системную проблему, и этой системной проблеме мы обязаны противопоставить системный ответ».

«Залогом успешной борьбы с коррупцией послужит ... создание в России более высокого уровня жизни».

«Нужны противодействие и профилактика коррупции в экономической и социальной сферах, создание стимулов к антикоррупционному поведению».

«Мы обязаны добиться прозрачности проведения государственных процедур...».

«... мы должны создать антикоррупционный стандарт поведения. Без этого ничего не выйдет».

«Необходимо уделить особое внимание оценке коррупции со стороны общества. К правовому просвещению должны подключиться средства массовой информации и общественные организации»[13]

---

[13] http://www.korupcii.net/index.php?s=12&id=3 (дата обращения: 04.06.2012)

Юлия Самсонова

Коррупция в современном мире

Современный мир полон проблем. С этими проблемами нужно бороться, но не все можно изменить в одночасье. Одна из таких проблем – коррупция.

Коррупция – очень сложное явление, которое не так-то просто победить. Уже с давних времен люди давали какого-либо рода взятки. Классики мировой литературы описывали случаи коррупции в различных ситуациях. Например, Александр Сергеевич Пушкин в романе «Дубровский» (1833) писал, как герой романа Троекуров с помощью взяток отсудил у Дубровских имение. Казалось бы, сейчас 21-й век, и современное общество отлично владеет навыками дипломатии, что помогает людям договариваться между собой, а все-таки коррупция по-прежнему процветает. В различных регионах мира существуют службы по борьбе с коррупционной деятельностью, которые должны бороться со взяточничеством. Но когда руководителей этих служб самих арестовывают по подозрению в коррупции, становится непонятен смысл такой борьбы.

3 апреля 2012 года в мировых СМИ[14] появились сообщения о том, что главный прокурор антикоррупционного ведомства края Косово арестован по обвинению в коррупционной деятельности. Эта новость всколыхнула всю общественность. По данным правоохранительных органов, Мустафи вымогал взятки у людей, находящихся под следствием по обвинению в коррупции.

Перед нами идеальный случай коррупции. В данном эпизоде – две стороны: чиновник («борец с коррупцией») и люди,

---

[14] www.newsru.com/world/03apr2012/corruption.html (дата обращения: 04.06.2012)

обвиненные им. Обе стороны преследовали корыстные цели. Чиновник вымогал взятки, взамен обещая освободить из-под стражи, а люди давали взятки в обмен на свободу.

Я бы прокомментировала этот случай таким образом: как победить коррупцию, если в ней замешаны люди, которые должны с ней бороться? Моя позиция по этому вопросу такова: следует грамотно выбирать кадры на должности в антикоррупционные службы.

Кто хуже: тот, кто дает взятки, или тот, кто берет взятки? В нашем случае – тот, кто борется и с теми и с другими, но при этом сам берет взятки.

Преступления такого масштаба раскрываются редко, хотя все мы знаем, что происходят они довольно часто. Взяточничество распространено во многих сферах нашей жизни: в сфере образования, медицины, политики, торговли и т.д. Все об этом говорят, но не знают, как бороться с этим. Коррупция становится «пандемией 21 века», и это не может не огорчать.

Я считаю, что в борьбе с коррупцией, как и в борьбе с любым другим негативным явлением, нужно начать с себя. Если мы будем давать или брать взятки, то поможем этому явлению развиваться. Нужно, напротив, это искоренять, чтобы у подрастающего поколения и в мыслях не было заниматься взяточничеством. Думаю, никто из родителей не хотел бы для своего ребенка мира, где нет справедливости, где побеждает тот, у кого много денег.

Другой вариант решения проблемы – это поднять зарплаты, а также штрафы за взяточничество, тогда люди не захотят лишаться своего места работы и не будут нарушать закон.

Но все вышесказанное – это только мои личные мысли, а проблему коррупции в короткие сроки не решить, остается только ждать плодов от работы служб по борьбе с коррупционной деятельностью.

Маргарита Ульянова

Почему технический осмотр автомобиля стоит так дорого?

В нашей жизни коррупция встречается везде, мы сталкиваемся с ней лицом к лицу каждый день. Размеры коррупции на сегодня в России приняли огромный размах. Я думаю, что сегодня практически нет человека в нашей стране, который хотя бы раз не давал кому-либо взятку. Я заинтересовалась этим явлением. Как это происходит? Что движет человеком, который дает взятку? Что мы от этого получаем? Наказывают ли людей, которые берут взятки?

Я люблю быть в курсе всех событий, поэтому всегда смотрю новости и читаю газеты. Из них я узнаю много важной и полезной информации. Но в последнее время я часто сталкивалась со статьями и сюжетами в новостях о коррупции и взяточничестве. Именно из них я узнала, что Россия занимает одно из первых мест в мире по числу взяток.

В моей стране (а в частности в Приморском крае) люди нередко сталкиваются с проблемой прохождения ТО[15] своих автомобилей. Зачастую пройти его очень сложно, и люди делают все, что в их силах, чтобы получить заветную бумагу, которая подтверждает годность их автомобиля для движения на дорогах.

В одной из газет рассказывалось о том, что пункты ТО автомобилей часто производят незаконные поборы с автовладельцев. «Плата, которую технический оператор требует с клиентов за свою услугу, превышает тариф, установленный в Приморском крае. Более того, без оплаты определенных дополнительных услуг предприятие вообще не допускало машину к процедуре досмотра. Так, в прейскурант были

---

[15] Техническое обслуживание

внесены пользование залом ожидания, информационные консультации, подготовка номерных знаков. В итоге сумма оплаты прохождения техосмотра превышала 2700 рублей (вместо положенных 900 рублей)».[16]

В этой ситуации люди, производящие ТО автомобилей, воспользовались своим положением и неграмотностью граждан. Автомобилистам просто некуда было обратиться, и им пришлось платить завышенные в разы цены, которые от них требовали работники пунктов ТО.

Об этих несправедливых поборах узнал губернатор Приморского края Владимир Миклушевский. Он сам решил во всем сам разобраться и устроил встречу с автомобилистами. На ней он обсудил все проблемы техосмотра в Приморском крае и возможности их решения. «Насильственно оказанная услуга — это коррупция в чистом виде», подчеркнул губернатор Приморья.[17] Сама проблема не была решена окончательно, но на этой встрече автомобилисты и участники различных сообществ автомобилистов предложили методы борьбы с незаконными поборами и пути решения проблем коррупции в этой области. Было предложено организовать передвижную станцию ТО для того, чтобы она проверяла пригодность автомобилей нашего региона. Также было предложено, чтобы правоохранительные органы контролировали деятельность пунктов ТО. Но мне кажется, что второй вариант решения этой проблемы будет весьма затруднительным, потому что наши правоохранительные органы являются одной из самых коррумпированных организаций в стране.

---

[16] Коваленко И. П. Несправедливые поборы с автомобилистов// газета "Комсомольская правда". 2012. 6 фев. С. 9.
[17] Коваленко И. П. Несправедливые поборы с автомобилистов// газета "Комсомольская правда". 2012. 6 фев. С. 9.

Я думаю, что искоренить коррупцию и взяточничество в этой сфере практически невозможно. Всегда были и будут люди, которые не брезгуют брать взятки, завышать цены и производить незаконные поборы с автомобилистов. Мне кажется, что нужно убрать все частные станции технического обслуживания и заменить их государственными. Может быть, тогда получится хотя бы снизить уровень коррупции. Но победить ее вряд ли получится. Люди — хитрые и меркантильные существа. Они всегда и во всем ищут и находят выгоду (по крайней мере, в моей стране). Во все времена будут те, кто дает и кто берет взятки.

Мое отношение к этому вопросу и к этой проблеме в целом крайне отрицательное. Я уверена, что взятка и вообще весь нелегальный доход должны очень строго наказываться со стороны государства и особенно общества, потому что именно общество формирует мнение и отношение людей к этой проблеме. Каждый должен начать с себя, подавать хороший пример другим и подрастающему поколению, ведь людям свойственно повторять действия друг друга. Быть может, тогда у нас получится как-то улучшить ситуацию.

Анна Шленчак

Коррупция в повседневной жизни России

Как это ни прискорбно, но коррупция стала неотъемлемой частью нашей повседневной русской жизни. Ее влияние на общество довольно обширно и укоренялось годами. Сейчас трудно удивить русского человека тем, что на обычные услуги, например, медицинские, придется потратить приличное количество денежных средств. Это в порядке вещей. В наше время трудно сделать что-то для себя, не потратив ни копейки. В частности, это касается здоровья, обычных физических потребностей человека, образования и жилищно-коммунальных услуг. Это можно посчитать самыми главными «эпицентрами» вспышек коррупции в нашей стране.

В нашей стране трудно верить и тому, что говорят средства массовой информации. Я случайно наткнулась на пару интересных статей. В одной говорилось, что в России процент коррупции значительно упал за последнее время[18]. В другой же, что этот процент стремительно растет[19]. Такое противоречие нисколько не удивляет. В нашей стране пресса чаще всего показывает либо стабильность внутри страны, либо состояние кризиса. И благодаря пессимизму, что свойственно русским людям, мы принимаем за правду чаще отрицательную сторону.

Существуют различные классификации коррупции. Лично для себя я делю ее на государственную и бытовую. Наибольший процент взяток фиксируется во втором случае. Приведу пример, обратившись к недавно вышедшему закону. Как мне стало известно, в 2013 году среднее обучение

---

[18] http://www.rosbalt.ru/main/2011/06/15/859133.html (дата обращения: 04.06.2012)

[19] http://www.iarex.ru/news/16395.html (дата обращения: 04.06.2012)

станет платным[20]. Бесплатным останутся только основные предметы: русский, математика, физкультура. Остальные предметы, такие, как история, музыка, английский, придется оплачивать родителям. В год за ребенка родители будут платить около шести тысяч рублей. Если умножить это на все время обучения, выходит довольно приличная сумма. В этом законе говорится о платном устройстве ребенка в детский сад.

Такая ситуация кажется мне ужасной. В нашей стране, где и так невысокий уровень жизни, более 40 % населения находится за чертой бедности[21], правительство решило отыграться на детях. Вряд ли их родители смогут дать им достойное образование. Я считаю, что это тоже некий вид коррупции. Деньги, которые будут тратиться на дополнительные занятия подрастающего поколения, скорее всего не попадут в нужный «карман».

Наша страна погрязла во взятках и блате. Если русский человек хочет достигнуть чего-то в жизни, он должен иметь хорошие связи и много денег. В нашем обществе нелегко выжить, если ты недостаточно обеспечен. Тебе не помогут в больнице из-за того, что ты не можешь оплатить лечение. А медицина в России хоть и должна быть бесплатной, но это можно считать легендой. Я уже не говорю о том, какой низкий заработок у врачей и учителей.

Коррупция в нашей стране существует на государственном уровне, в этой сложной схеме крутятся огромные деньги. В новостях часто можно видеть, как очередного судью, прокурора, чиновника поймали на взяточничестве. Это становится привычным. С другой стороны, трудно оставаться в стороне. Но что мы можем сделать? Как помочь нашей стра-

---

[20] http://svpressa.ru/all/article/24419/ (дата обращения: 04.06.2012)
[21] http://www.nr2.ru/rus/344255.html (дата обращения: 04.06.2012)

не избавиться от коррупционного ига? И сможем ли помочь? Сможет ли помочь наше поколение, мое поколение?

Мне страшно за нашу страну. Я уверена также, что многие люди моего возраста считают слишком расточительным иметь сейчас детей. В таком случае в России может уменьшиться процент рождаемости. Общество начнет стареть.

Ничего не изменится, пока мы не избавимся от коррупционной проблемы, нависшей над нами. Но начинать нужно постепенно, ведь коррупция слишком глубоко укоренилась в нашей жизни. Как бы ни было плохо, жизнь все равно продолжается, и за нее необходимо бороться всеми силами.

Ирина Юн

Коррупция в бизнесе

В данном научном исследовании будет проведен анализ проблемы коррупции в бизнесе.

Как отмечено в предисловии к резолюции под названием «Конвенция Организации Объединенных Наций против коррупции» Генеральной Ассамблеи ООН[22], «коррупция – это страшная чума, которая поражает общество самым различным образом. Она подрывает основы демократии и верховенства права, ведет к нарушению прав человека, препятствует работе рынков, ухудшает качество жизни и создает условия для процветания организованной преступности, терроризма и других явлений, угрожающих безопасности человека». Это определение объемно раскрывает смысл понятия, которое с давних времен существует в мире. Именно благодаря актуальности вопроса считаю важным в своей научной работе осветить проблему коррупции в бизнесе на основе анализа эпизода из фильма и показать читателю мотивацию коррупционеров.

В девятом эпизоде популярного американского сериала «Обмани меня»[23] режиссера Сэмюеля Баумма описывается следующая ситуация: главный герой сериала, доктор Лайтман в исполнении Тима Рота, – главный в мире специалист по выявлению лжи и обмана – получает дело о рабочих. Суть его заключается в том, что во время аварии произошло крушение здания, пострадало много рабочих, погибло двое строителей, а троих нужно найти в строительном завале.

---

[22] Резолюция 58/4 Генеральной Ассамблеи ООН от 31 октября 2003 года «Конвенция Организации Объединенных Наций против коррупции», Нью-Йорк, 2004. – с. 3.

[23] «Lie to me», 2009-2011гг.

Главная задача доктора Лайтмана – выяснить причину, по которой произошла авария.

В ходе своего расследования доктор Лайтман узнает главную причину крушения здания: все дело в том, что не была проведена соответствующая проверка городской инспекции на предмет нарушения хода строительства зданий. И самое интересное в этом захватывающем расследовании то, что здесь дело не обошлось без взятки, которую дала мэр города городскому инженеру с целью проведения строительства без соответствующих проверок.

Безусловно, при анализе этой ситуации возникает много вопросов, главный из которых следующий: какова же была мотивация участников, какие они преследовали цели, идя на это преступление? Все дело в том, что цели были весьма банальными: мэр города хотела ускорить процесс постройки зданий, а городскому инженеру срочно требовались деньги. Казалось бы, эти люди действовали, преследуя исключительно свои, корыстные цели. Однако, хотя этот случай не отличается оригинальностью, здесь имели место несколько факторов, которые в какой-то степени оправдывают преступников. Так как в городе, где происходит развитие событий, существует проблема нехватки рабочих мест, то мэр города выступила в роли взяткодателя исключительно с добрыми намерениями. Она наняла больше строителей (это было внесено в договор) с целью дать им работу, а после возведения новых зданий планировала создать рабочие места для жителей города. При этом мэр абсолютно не подумала о возможной угрозе для жизни строителей и дала взятку городскому инженеру, который принял деньги с целью погасить долги по платежам за свой дом. В противном случае дом могли отобрать, и его семья осталась бы без крыши над головой.

Коррупция присутствует во многих сферах нашей жизни, и не менее ярко она проявляется в деловых отношениях. Однако в редких случаях в основе совершенных преступных деяний, в частности, в сфере взяточничества, лежат не столько корыстные цели, сколько желание спасти своих близких и помочь другим людям выжить. Поэтому считаю важным отметить необходимость многостороннего рассмотрения данной проблемы.

Светлана Яцук

Коррупция в повседневной жизни

> *Государственный служащий: лицо, выбираемое народом, чтобы распределять взятки.*
>
> *Марк Твен*

Что такое взятка? По толковому словарю С.И. Ожегова, взятка – это «деньги или материальные ценности, даваемые должностному лицу как подкуп, как оплата караемых законом действий»[24]. Хотя у многих слово «взятка» ассоциируется именно с денежным эквивалентом, взяткой также принято считать и подарки, стоимость которых превышает оговоренную законом сумму. По российскому законодательству, цена подарка не может превышать 3000 рублей, а все материальные ценности стоимостью выше данной суммы уже считаются взяткой.

Получение и дача взятки являются одним из элементов коррупции. Слово «коррупция» произошло от лат. corruptio – «порча, искажение»[25]. Иными словами, коррупция – это моральное разложение должностных лиц. Чаще всего коррупцию можно встретить в среде государственных служащих.

Примером коррупции чиновников может послужить отрывок из поэмы Н.В. Гоголя «Мертвые души»:[26]

---

[24] http://www.ozhegov.ru/slovo/4402.html (дата обращения: 04.06.2012)
[25] http://bse.sci-lib.com/article064970.html (дата обращения: 04.06.2012)
[26] Гоголь Н.В. Мертвые души. Т.1. Ревизор. Повести/Н.В.Гоголь; коммент. О.Дрофеева. – М.: РИЦ Литература: РИПОЛ классик, 2007. С.150.

«Позвольте узнать, здесь крепостная экспедиция?» спросил Чичиков.

«Здесь», сказал Иван Антонович, поворотил свое кувшинное рыло и приложился опять писать.

«А у меня дело вот какое: куплены мною у разных владельцев здешнего уезда крестьяне на вывод: купчая есть, остается совершить».

«А продавцы налицо?»

«Некоторые здесь, а от других доверенность.»

«А просьбу принесли?»

«Принес и просьбу. Я бы хотел ... мне нужно поторопиться... так нельзя ли, например, кончить дело сегодня?»

«Да, сегодня! Сегодня нельзя», сказал Иван Антонович. «Нужно навести еще справки, нет ли еще запрещений.»

«Впрочем, что до того, чтоб ускорить дело, так Иван Григорьевич, председатель, мне большой друг...»

«Да ведь Иван Григорьевич не один; бывают и другие», сказал сурово Иван Антонович.

Чичиков понял заковыку, которую завернул Иван Антонович, и сказал: «Другие тоже не будут в обиде, я сам служил, дело знаю...»

«Идите к Ивану Григорьевичу», сказал Иван Антонович голосом несколько поласковее: «Пусть он даст приказ, кому следует, а за нами дело не постоит.»

> Чичиков, вынув из кармана бумажку, положил ее перед Иваном Антоновичем, которую тот совершенно не заметил и накрыл тотчас ее книгою. Чичиков хотел было указать ему ее, но Иван Антонович движением головы дал знать, что не нужно показывать.

Как видно из этого эпизода, главный герой дает взятку чиновнику, чтобы ускорить ведение своего дела. При этом чиновник совсем не возражал против взятки.

Не думаю, что в России есть много людей, которые ни разу в жизни не давали бы взятку. В повседневной жизни нам очень часто приходится сталкиваться с ситуациями, когда без взятки просто не обойтись. Если нам срочно нужно получить паспорт или иные документы – мы даем взятку, не получить штраф за нарушение правил дорожного движения – опять даем взятку. Хотите быстро устроить ребенка в детский сад? Дайте взятку. Пройти медицинский осмотр за две минуты? Вам снова поможет взятка. Этот список можно продолжать бесконечно. Наверное, не существует ни одной сферы деятельности в России, где бы не брались и не давались взятки.

К сожалению, коррупция – это огромная проблема в нашей стране на сегодняшний день. И с этой проблемой необходимо как-то бороться. Люди настолько привыкли к коррумпированности нашего государственного аппарата, что уже не считают чем-то из ряда вон выходящим дать взятку, чтобы получить желаемое.

Я считаю, что первым делом надо перестать *давать* взятки, тогда их и не будут брать. Кроме того, эффективной борьбой с коррупцией может заниматься только та власть, которая сама не погрязла в ней. Только в демократическом обществе, где власть обязана считаться с мнением народа и находится под его контролем, чиновники любого ранга, опасаясь за свою дальнейшую судьбу, отказываются от взяток или уменьшают свои аппетиты.

В России пока отсутствуют или не работают правовые механизмы по предотвращению коррупции. Наша демократия еще не доросла до уровня, при котором законы и гражданское общество минимизируют коррупцию. Но самое главное то, что для решения этой проблемы мало одних разговоров и обсуждений, нужны действия, нужно что-то менять, а начать нужно прежде всего с самого себя.

Интернет-источники для дальнейших исследований в области коррупции:

Коррупция в России и в мире
http://www.anti-corr.ru/

Коррупция в России и в регионах
http://www.corrupcia.net/

Трансперенси Интернешнл Россия
http://www.transparency.org.ru/

Индекс воприятия коррупции
http://transparency.org.ru/indeks-vospriiatiia-korruptcii/blog

Барометр мировой коррупции
http://transparency.org.ru/barometr-mirovoi-korruptcii/blog

Индекс взяткодателей
http://transparency.org.ru/indeks-vziatkodatelei/blog

Центр противодействия коррупции
http://korrupciynet.ru/

Ease of Doing Business
http://www.doingbusiness.org/economyrankings/

Index of Economic Freedom
http://www.heritage.org/index/

Worldwide Governance Indicators – Corruption Control
http://info.worldbank.org/governance/wgi/index.asp